초등학생의 진로와 직업 탐색을 위한
잡프러포즈 시리즈 06

인공지능전문가는 어때?

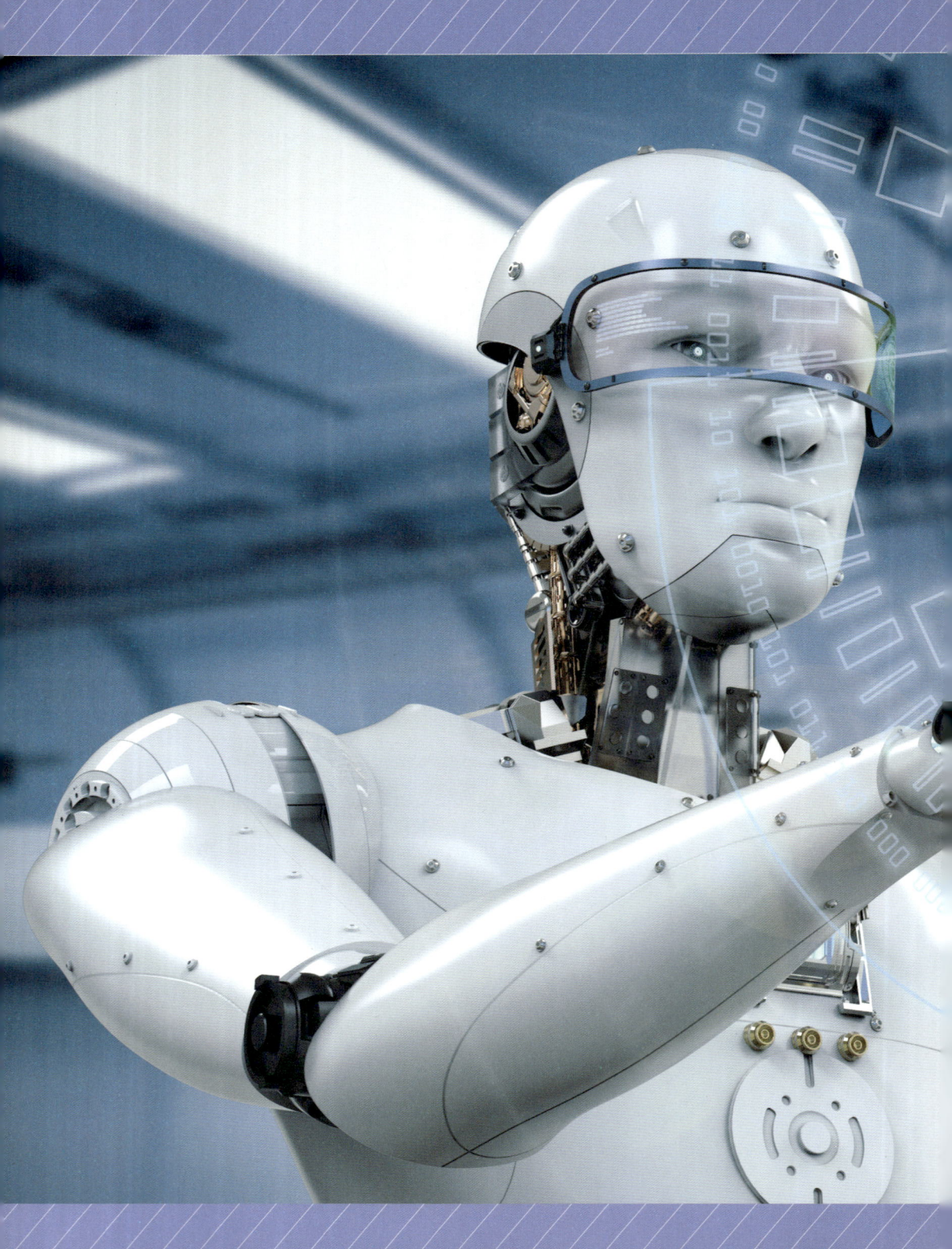

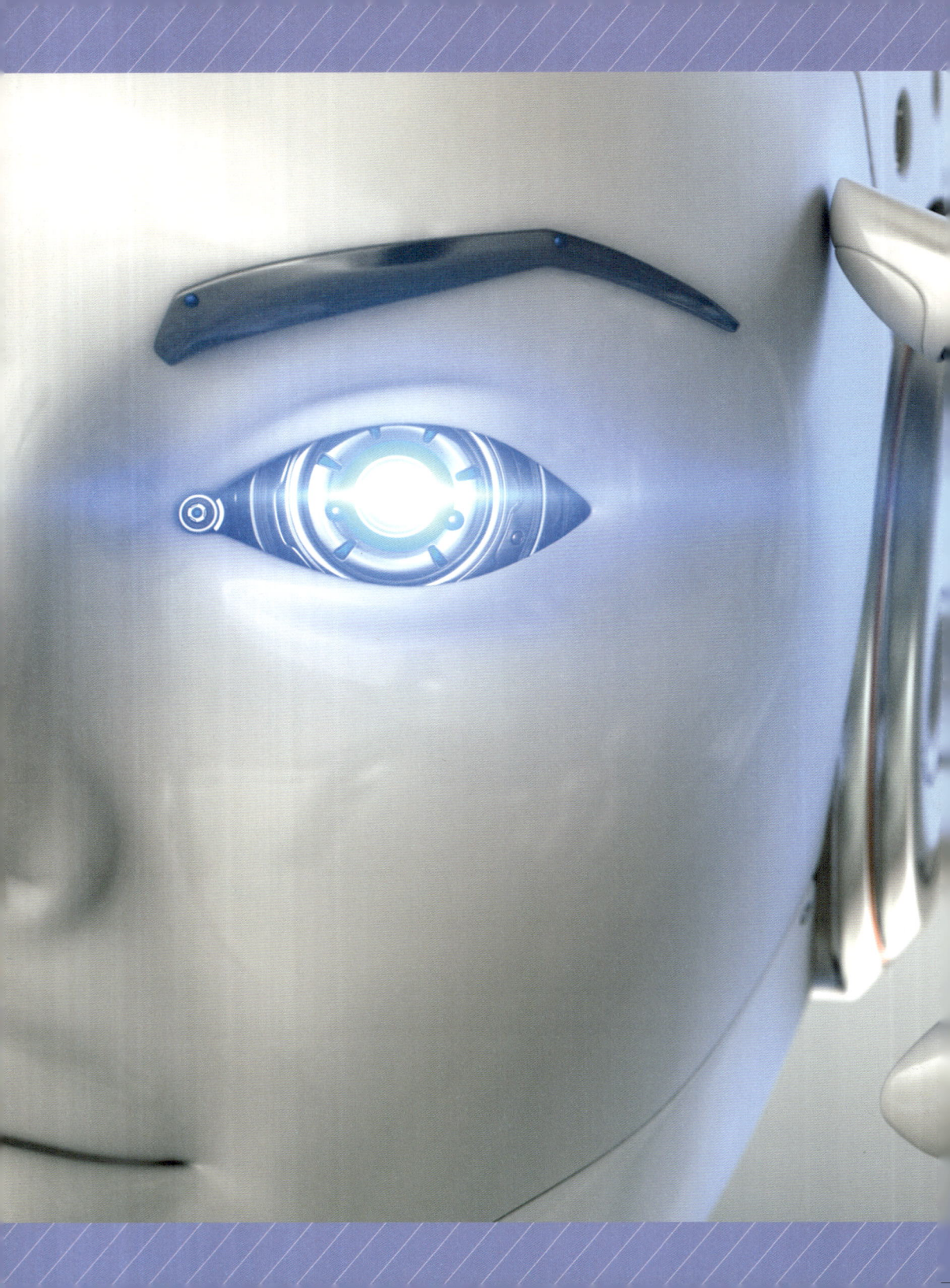

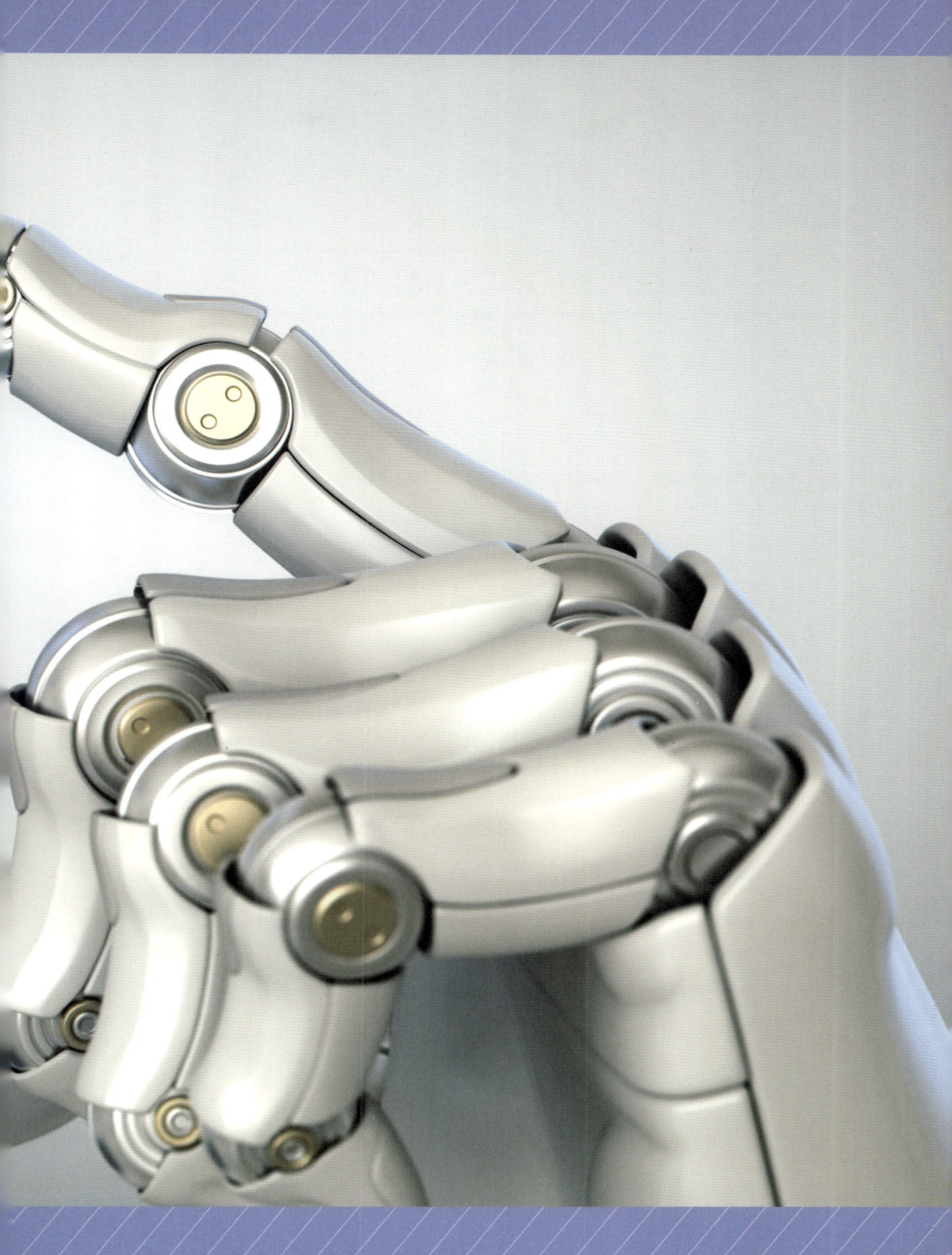

차례

CHAPTER 01 인공지능전문가 이동훈의 프러포즈

- 인공지능전문가 이동훈의 프러포즈 … 14

CHAPTER 02 인공지능 이해하기

- 인공지능 이해하기 … 19
- 컴퓨터는 어떻게 학습하나요? … 24
- '머신러닝'이 뭔가요? … 25
- 인공지능도 사람처럼 의미를 이해하나요? … 27
- 인공지능도 감정이 있나요? … 28
- 인공지능과 인간이 대결한다면? … 29

CHAPTER 03 인공지능전문가는 누구인가요?

- 인공지능전문가가 하는 일은? … 33
- 최초의 인공지능전문가 "앨런 튜링" … 36
- 인공지능의 역사 … 38
- 유명한 인공지능전문가를 꼽는다면? … 42

CHAPTER 04 인공지능전문가가 되려면?

- ☺ 호기심과 끈기를 가져요 … 47
- ☺ 도전정신이 필요해요 … 48
- ☺ 영어는 필수! … 49
- ☺ 학창 시절엔 경진대회에 참가해보자 … 50
- ☺ 유리한 전공은 통계학, 산업공학, 컴퓨터사이언스학 … 52

CHAPTER 05 인공지능전문가가 준비하는 미래

- ☺ 4차 산업혁명이 뭐예요? … 57
- ☺ 첨단기술 '블록체인'과 '사물인터넷' … 59
- ☺ 의학의 발전도 인공지능과 함께 … 61
- ☺ 모든 사람이 골고루 누리는 인공지능의 기술 … 66

CHAPTER 06 인공지능전문가의 매력

- ☺ 더 좋은 사회를 만들 수 있다는 꿈! … 73
- ☺ 기업의 고민을 덜어주는 해결사 … 74
- ☺ 변화를 이끌어가는 개척자 … 75
- ☺ 전망도 좋고 인기도 있죠 … 76
- ☺ 관심이 있다면 무엇이라도 할 수 있어요 … 77

CHAPTER 07 인공지능전문가의 하루

- 아침 7시 30분 : 출근하기 … 81
- 아침 10시 30분 : 고객과 소통하기 … 82
- 낮 2시 : 실력 키우기를 위한 연구와 개발 … 83
- 낮 3시 30분 : 휴식 … 84
- 낮 4시 : 세미나 및 강연 준비 … 84
- 저녁 6시 : 새로운 기술 공부 … 85

CHAPTER 08 인공지능전문가 이동훈을 소개합니다.

- 호기심 많은 꼬마 이동훈 … 89
- 오락도 잘하고 공부도 잘했죠 … 90
- 회사 일이 궁금한 청소년 … 91
- 평범하고 단순했던 대학 생활 … 92
- 대기업 사원이 되다 … 93
- 꿈을 펼칠 회사를 만들다 … 94
- 아직 이루고 싶은 꿈이 있어요! … 95

CHAPTER 09 10문 10답 Q&A

- ☺ Q1. 우리 생활 속 인공지능은? … 99
- ☺ Q2. 좋아하는 인공지능 영화는? … 100
- ☺ Q3. IT 전문교육 학원이 도움이 될까요? … 101
- ☺ Q4. 유학이 꼭 필요한가요? … 102
- ☺ Q5. 연봉은 어느 정도인가요? … 103
- ☺ Q6. 인공지능 기술이 많이 발달한 나라는? … 104
- ☺ Q7. 우리나라 인공지능 기술의 수준은? … 106
- ☺ Q8. 기계가 인간을 뛰어넘을 수 있을까요? … 107
- ☺ Q9. 인공지능이 인공지능을 만들 날이 올까요? … 109
- ☺ Q10. 인공지능을 만들 때 조심해야 하는 것도 있나요? … 110

CHAPTER 10 나도 인공지능전문가

- ☺ 유사한 이미지 찾는 인공지능(AI) 만들기 … 114
- ☺ 생활 속 인공지능 ① : 가전제품 … 116
- ☺ 생활 속 인공지능 ② : 스마트폰 … 120

CHAPTER 11 인공지능과 우리의 미래

- ☺ 인공지능과 우리의 미래 … 124

인공지능전문가 이동훈의 프러포즈

안녕하세요? 인공지능이 만들어 낼 더 나은 세상을 꿈꾸며 연구하고 실천하는 인공지능전문가 이동훈이에요. 인공지능이라고 하면 무엇이 가장 먼저 떠오르나요? 알파고? 자율주행차? 번역기? 아니면 SF 영화에 나오는 로봇? 사람이 지능을 사용해서 하는 일을 기계가 하도록 만들어졌다면 모두 인공지능이라고 말할 수 있어요. 이 중에는 이미 일상에서 사용하고 있는 것도 있고 아직 개발 수준이 낮아서 사용할 수 없는 것도 있어요.

몇 년 전만 해도 인공지능은 굉장히 낯선 단어였지만, 지금은 흔히 쓰는 단어가 되었어요. 그만큼 인공지능이 사람들이 생활하는 데 도움이 되고 있다는 뜻이지요. 하지만 아직 인공지능은 사람의 지능을 따라가지는 못해요. 스스로 생각하고 이해하고 판단하는 능력이 부족하거든요. 인공지능전문가는 인공지능이 사람들에게 도움이 되도록, 더 복잡한 일을 해내는 인공지능 기술을 개발하고 연구하는 직업이에요.

IT 기술 발전으로 어린이 여러분이 살아갈 세상은 더 빠르게 변화할 거예요. 꿈꾸는 일이 현실로 이뤄지는 세상이 되겠지요. 그 중심에는 인공지능이 있을 거고요. 여러분도 인공지능이 만들어 낼 세상의 주인공이 되어보지 않을래요? 이런 꿈을 꾸는 친구들을 위해 인공지능전문가의 세계를 안내할게요.

CHAPTER. 02

인공지능 이해하기

2장에서는?

인공지능은 뭘까요? 언제 생겨서 어떻게 발전했을까요? 또 인공지능은 어떻게 학습할까요? 사람처럼 공부도 하니까 사람 같이 감정도 있을까요? 말은 많이 들어봤지만 아직은 제대로 알지 못하는 인공지능의 세계로 들어가 볼까요?

인공지능 이해하기

인공지능이란?

인공지능은 '인공'이라는 단어와 '지능'이라는 단어가 합쳐진 말이에요. 인공이란 사람이 만들었다는 뜻이고 지능은 사물이나 사건을 관찰하고 새로운 정보를 배우는 능력을 말해요. 컴퓨터가 사람처럼 문제를 이해하고 생각하도록 만든 기술을 인공지능(Artificial intelligence, AI)이라고 불러요.

사람의 뇌가 어떤 모습이고 지능은 어떻게 만들어지는지 아직 밝혀지지 않은 부분이 많아요. 그래서 사람의 뇌를 본떠 인공지능을 만든다는 일은 굉장히 복잡하고 어렵죠. 하지만 인공지능이 발전하는 속도가 매우 빨라서 어떤 일은 사람보다 더 잘하기도 해요.

인공지능은 이렇게 생겨났어요.

컴퓨터로 분석할 수 있는 자료를 데이터라고 불러요. 인터넷이 발달하면서 온라인으로 볼 수 있는 글과 사진, 영상과 광고 등 모두가 데이터예요. 회사에서 온라인으로 만들어 보관하는 서류도 모두 데이터고요. 컴퓨터를 사용하는 모든 장소에서 매일 매일 이런 데이터가 엄청나게 많이 쌓이고 있어요.

 그런데 아무리 데이터가 많아도 활용할 방법이 없으면 인공지능으로는 쓸모가 없어요. 데이터를 분석해서 쓸모 있는 결과를 내는 방법을 만들어야 해요. 그래서 사람들은 데이터를 활용하고 분석하는 '알고리즘'을 만들었어요. 이런 알고리즘을 사용해 스스로 데이터로 사람처럼 일하는 무언가가 인공지능이지요.

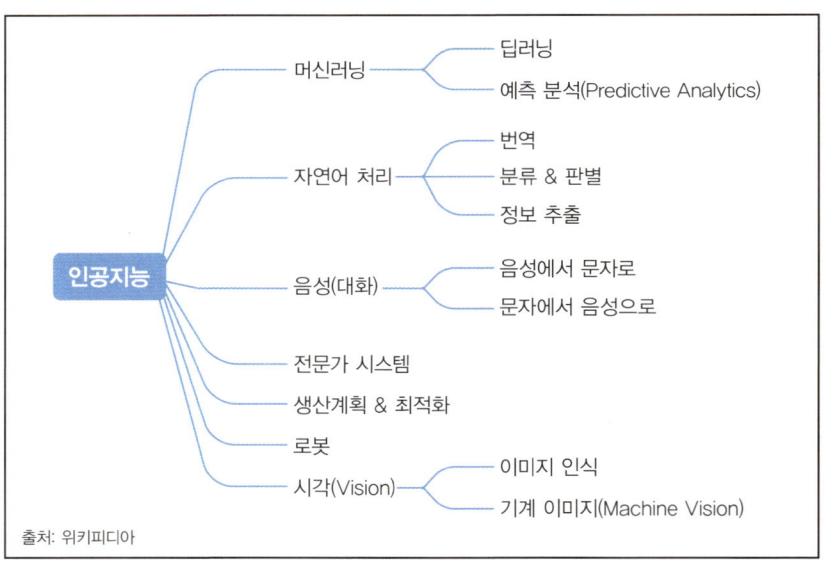

인공지능이란
컴퓨터가 사람처럼 문제를 이해하고
생각하도록 만든 기술이에요.
데이터를 활용하고 분석하는 알고리즘을
사용해 사람처럼 일하지요.

알고리즘(Algorithm)

알고리즘은 9세기 수학자 알고리즈미(Al-khowarizmi)의 이름에서 따왔어요. 수학에서 사용하던 단어를 컴퓨터 용어로 사용한 거죠. 알고리즘은 문제 해결방법을 순서대로 나열한 것을 말해요.

예를 들어볼게요. 여러분이 만약 혼자서 봉지라면을 끓여 먹는다고 생각해 보세요. 여기서 여러분이 해결할 일은 먹기 좋은 라면 끓이기예요. 여러분이 끓일 0라면 봉지 뒷면에 조리방법이 그림과 함께 나와 있어요. 그 순서를 따라서 끓여보세요.

<예시>

1. 냄비에 물 550ml(2컵과 3/4)에 건더기 스프를 넣고 물을 끓입니다.
2. 물이 끓어오르면 분말 스프와 면을 넣은 후, 4분간 더 끓입니다. 분말스프의 양은 자기 입맛에 따라 적당히 넣습니다.
3. 김치, 파, 계란 등을 함께 넣으면 더욱 맛이 좋습니다.

라면을 다 끓인 후 먹어보았더니 평소에 먹던 라면보다 짰어요. 물의 양이 적어서 그런가 싶어서 물을 더 넣었어요. 그랬더니 싱거워졌어요. 이번엔 처음부터 다시 끓이면서 분말 스프를 조금 적게 넣었어요.

이제야 평소에 먹던 라면 맛이 났어요. 문제를 해결했네요.

다른 문제가 생길 수도 있어요. 라면 끓이는 시간을 맞추지 못해서 라면이 덜 익거나 불어버린 경우죠. 그때는 시간 맞추기에 신경을 쓰면서 다시 끓여봐야겠죠. 이렇게 자신이 좋아하는 라면의 맛을 내기 위해 여러 번 끓여보는 과정이 바로 알고리즘이에요.

따라서 알고리즘은 주어진 문제를 해결하는 순서를 나열한 것에 그치지 않고 그 문제를 해결할 때까지 과정을 반복하는 것을 말해요.

컴퓨터는 어떻게 학습하나요?

　사람이 지식과 기술을 배우는 과정과 컴퓨터가 학습하는 방법은 서로 달라요. 예를 들어 컴퓨터가 나무에 물을 주는 단순한 일을 한다고 해 봐요. 먼저 긴 시간 동안 나무가 놓인 방의 온도와 습도를 계속 재요. 계절이나 시간에 따라 바뀐 모든 데이터를 모아서 컴퓨터에 입력해요. 그 데이터를 분석해보니 그 나무는 여름에는 한 달에 두 번, 겨울에는 한 달에 한 번 물을 주어야 가장 잘 자란다는 결과를 얻어요.

　이 결과는 한 번에 나오지 않아요. 가장 정확한 결과를 얻기까지 날마다 조금씩 차이가 나는 온도와 습도의 데이터를 입력하고 확인하는 과정을 반복해요. 어려운 수학 문제풀이를 연습할 때, 숫자를 다르게 넣고 반복해서 풀 듯이 컴퓨터도 그렇게 학습하는 거죠. 사람이 경험과 감각에 따라 빨리 배울 수도 있는 내용도 컴퓨터는 많은 데이터를 분석해서만 배울 수 있어요.

'머신러닝'이 뭔가요?

머신러닝은 인공지능의 한 분야예요. 컴퓨터에 수많은 데이터를 입력하여 스스로 학습하게 만든 다음 새로운 결과를 얻어내도록 하는 것을 말해요. 숫자와 문자, 음성, 이미지 등의 데이터에 적절한 알고리즘을 사용해서 다양한 인공지능 기술을 만들어내죠.

머신러닝과 딥러닝의 차이를 궁금해하는 사람도 있는데요. 머신러닝은 보통 학습과 관련된 알고리즘을 이용해 데이터를 분석하고, 분석한 내용을 학습해서, 학습한 내용을 바탕으로 판단이나 예측을 하는 거예요. 딥러닝은 전반적인 학습 방식은 머신러닝과 비슷하지만, 학습을 위한 층(layer)이 여러 개 구성되어 있다는 특징이 있어요. 딥러닝은 머신러닝의 한 방식이라고 생각하면 되요. 고양이를 구별하는 인공지능, 바둑이나 체스를 두는 인공지능은 모두 딥러닝을 활용하는 인공지능이에요.

인공지능과 머신러닝, 딥러닝을 벤다이어그램으로 그려보면 가장 큰 원은 인공지능이고요, 그 다음이 머신러닝, 그리고 가장 작은 원이 딥러닝이에요.

참고로 벤다이어그램의 크기가 실제 알고리즘 개수나 비율을 뜻하지는 않아요. 지금까지 개발된 머신러닝 알고리즘은 수백 가지가 넘지요. 이 수많은 알고리즘 중에서 문제를 해결할 수 있는 알고리즘을 사용하는 것이 가장 중요해요.

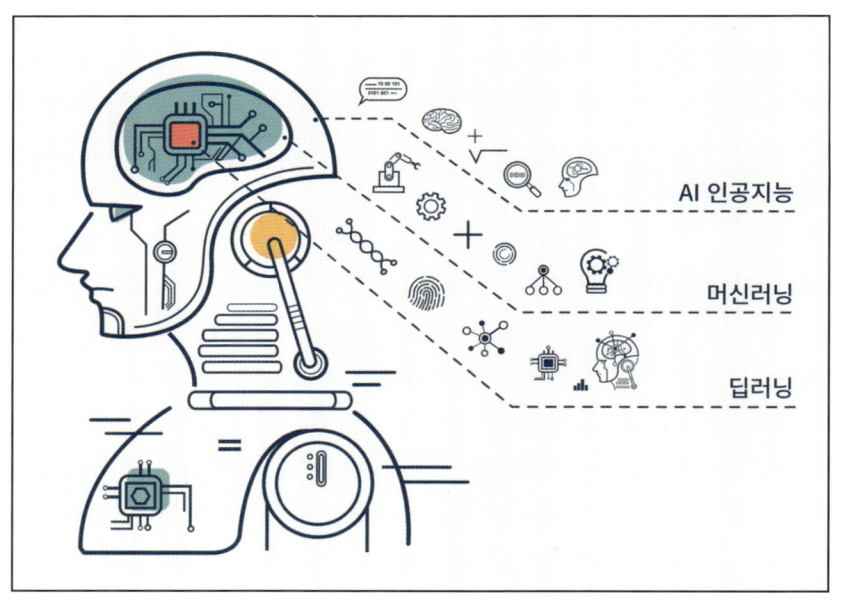

인공지능도 사람처럼 의미를 이해하나요?

아직 인공지능은 사람처럼 어떤 대상이나 일의 의미를 이해할 수 없어요. 인공지능은 인간이 말하는 걸 이해하는 것처럼 보이긴 하지만 실제로는 아니에요. 짜장밥을 예로 들어볼게요. 짜장밥을 한 번도 먹어 보지 않은 사람이라도 짜장과 밥을 알면 짜장밥이 무엇인지 짐작할 수 있어요. 짜장과 밥을 합친 게 짜장밥이 아닐까 하고 말이죠. 그렇지만 컴퓨터는 짜장과 밥이 무엇인지 배웠다 하더라도 짜장밥을 따로 배우지 않으면 짜장밥이 짜장과 밥이 연결되어 있다는 사실을 알지 못해요.

인공지능도 감정이 있나요?

언젠가 인공지능도 감정을 가질 수 있겠지만 쉽지는 않을 거예요. 인공지능에 1 더하기 2가 3인 것을 학습시키기는 간단해요. 그런데 사랑을 가르치고 느끼게 만드는 건 현재는 불가능해요. 감정을 만들어내려면 복잡하고 어려운 과정이 필요하거든요.

정서 로봇처럼 감정을 표현하는 인공지능이 있어요. 사람을 만나면 반갑게 인사하거나 슬픈 노래를 들으면 슬퍼하기도 하죠. 그런데 그 인공지능이 진짜 슬퍼하는 게 아니라 노래의 멜로디를 분석해 슬픈 노래라는 결론을 내고 거기에 맞춰 사람이 슬퍼하는 모습을 따라 하는 거예요.

인공지능과 인간이 대결한다면?

우리나라의 이세돌 9단과 인공지능 알파고의 바둑 대결을 기억하나요? 다섯 번의 대결 끝에 이세돌이 1번, 알파고가 4번 이겼지요. 이러다가 인공지능이 사람의 능력을 뛰어넘으면 어쩌나 하는 생각이 들었을 거예요.

만약 그때 이세돌 9단이 인공지능 알파고에게 오목을 두자고 제안했으면 어땠을까요? 당연히 불가능하죠. 알파고가 오목을 두려면 새로 학습을 해야 하거든요. 알파고 같이 약한 인공지능은 사람이 내린 명령 안에서만 행동해요. 바둑이나 체스 두기, 사람 얼굴을 구별하기, 길 찾기처럼요.

반면에 강한 인공지능은 마치 사람처럼 감정도 있고 높은 지능도 가지고 있어서 스스로 판단할 수 있죠. 아직 개발된 건 아니지만 미래에 이런 인공지능이 나온다면 사람과 대결하는 건 피할 수 없을 거예요.

3장에서는?

인공지능전문가가 어떤 일을 하는지, 최초의 인공지능전문가는 누구인지, 인공지능은 어떻게 발전해 왔는지 알아봐요. 유명한 인공지능전문가 이야기도 놓치지 말고요.

인공지능전문가가 하는 일은?

　인공지능전문가는 인공지능 기술을 여러 산업이나 국가 정책 등에 적용할 수 있도록 기획하고 구성하는 일을 해요. 각종 통계나 데이터 분석 능력, 분석 기술 활용법, 머신러닝, 알고리즘 관련 지식과 통찰력을 두루 갖추어야 하죠. 좀 어렵죠?

　구체적으로는 알고리즘과 같은 도구로 인공지능을 설계·개발, 개발한 인공지능을 적용하여 문제를 해결하는 일을 하죠. 예를 들어 초등학생의 수학공부를 도와주는 인공지능을 만든다고 해봐요. 먼저 전에 사용했던 해결 방법을 찾아봐요. 자료와 정보를 모으는 거죠. 다음엔 초등학생 수학공부를 돕는 일에 인공지능 기법을 사용할 수 있을지 평가해요.

　쓸 수 있겠다고 판단했으면 어떻게 설계해야

문제가 해결될는지 큰 그림을 그려요. 그리고 프로그램을 만들어서 검토해요. 잘못된 점이 있으면 찾아서 고치기 위해 돌아보는 거죠. 이렇게 여러 과정을 거쳐야 실제 사용할 수 있는 인공지능이 나와요.

마지막으로 이게 어떤 프로그램이고 어떻게 사용하는지 사람들에게 쉽게 알려주는 일도 하지요.

인공지능전문가는
각종 통계나 데이터 분석 능력, 분석 기술 활용법,
머신러닝, 알고리즘 관련 지식과 통찰력을
두루 갖춰야 해요.
인공지능 기술을 여러 산업이나 국가 정책 등에
적용할 수 있도록 기획하고 구성하는 일을 하니까요.

최초의 인공지능전문가
"앨런 튜링"

컴퓨터가 처음 나왔을 때 사람들은 많은 양의 계산을 빨리할 수 있는 기계라고만 생각했어요. 앨런 튜링은 컴퓨터가 단순히 계산하는 기계가 아니라 스스로 생각하는 기계가 될 수 있다고 믿었어요. 1950년 그는 인공지능 판별실험인 "튜링 테스트"를 제안했어요.

튜링 테스트는 질문자로 뽑힌 일반 사람이 컴퓨터와 채팅을 한 후, 상대방이 컴퓨터인지 사람인지 판단하는 거예요. 사람이 물어보는 말에 컴퓨터가 답을 했는데 마치 사람같이 느껴진다면 그 컴퓨터는 인공지능이라고 할 수 있다는 거죠.

앨런 튜링도 그 당시에는 컴퓨터의 성능이 낮아 이 실험을 통과하는 컴퓨터가 없다는 걸 알고 있었어요. 그렇지만 50년이 지나면 스스로 배우고 생각하는 컴퓨터가 생겨 실험을 통과할 거라고 믿었어요. 당시 사람들이 앨런 튜링의 이런 생각을 비웃었어요. 그래도 그는 꿋꿋하게 스스로 배우고 생각하는 컴퓨터, 곧 인공지능이 만들어질 거라고 믿었어요. 그의 이런 꿈이 인공지능의 탄생을 도왔다고 할 수 있겠죠.

그럼 앨런 튜링이 예언한 대로 50년 후에 튜링 테스트를 통과한 인공지능이 나왔을까요? 조금 늦긴 했지만 2014년 영국이 개발한 유진 구스트만(Eugene Goostman)이라는 인공지능이 이 테스트를 통과했어요. 우크라이나 국적의 13세 소년으로 설정된 유진과 대화를 나눈 25명의 심사위원 가운데 3분의 1이 진짜 인간이라고 판단했거든요.

인공지능의 역사

튜링 테스트 이후 인공지능의 역사

1950 ● 튜링 테스트(Turing Test)

컴퓨터 과학자 앨런 튜링이 기계에 지능이 있는지를 테스트하기 위해 제시한 방법이에요. 만약 기계가 사람과 비슷하게 대화할 수 있다면 그 기계는 지능이 있는 것으로 판별하죠.

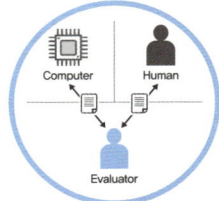

1955 ● 인공지능의 탄생(A.I. Born)

'인공지능'이라는 용어는 지능을 가지는 기계를 만드는 연구 분야를 지칭하기 위해 컴퓨터 과학자 존 매카시(John McCarthy)가 처음 사용하면서 만들어졌어요.

1961 ● 유니메이트(Unimate)

최초의 산업용 로봇인 유니메이트는 GM의 조립공정에 투입되었어요.

1964 ● 엘리자(Eliza)

MIT 대학의 조셉 와이젠바움(Joseph Weizenbaum)이 개발한 엘리자는 사람과의 대화를 흉내 낼 수 있는 초기 형태의 챗봇이에요.

> **챗봇(Chatbot)**: 챗(Chat)과 로봇의 합성어인 챗봇은 음성이나 문자로 인간과 대화하는 작업을 수행할 수 있는 인공지능을 의미해요.

1966 ● 쉐이키(Shakey)

스탠포드 대학에서 만든 쉐이키는 자신의 행동을 스스로 추론하여 결정하는 최초의 범용 목적 이동 로봇이에요.

● 인공지능 암흑기(AI Winter)

수많은 잘못된 시작과 연구 결과에 대한 실망으로 인공지능은 대중의 시선에서 잊히는 암흑기를 맞게 되죠.

1997 ● 딥블루(Deep Blue)

IBM이 개발한 체스 게임 컴퓨터인 딥블루는 체스 경기에서 세계 챔피언인 개리 카스파로브(Garry Kasparov)를 이겼어요.

1998 ● 키스멧(Kismet)

MIT 대학의 신디아 브리질(Cynthia Breazeal)이 소개한 키스멧은 사람의 기분을 감지하고 반응할 수 있는 정서지능을 지닌 로봇이에요.

1999 ● 아이보(AIBO)

소니(Sony)는 사람과의 교감을 통해 훈련시킬 수 있는 최초의 상용 로봇 애완견 아이보를 선보였어요.

2002 ● 룸바(Roomba)

iRobot사가 개발한 룸바는 최초로 대량생산된 진공청소로봇으로 길을 찾고 집안을 청소하는 방법을 학습했어요.

2011 ● 시리(Siri)
애플은 음성 기반 지능형 가상 도구인 시리를 아이폰 4S에 통합했어요.

왓슨(Watson)
음성으로 제시되는 질문을 이해하고 이에 답할 수 있는 컴퓨터인 IBM의 왓슨은 백만 불의 상금이 걸린 유명한 TV 퀴즈쇼 저파디(Jeopardy)에서 1등을 차지했어요.

2014 ● 유진(Eugene)
챗봇인 유진 구스트만(Eugene Goostman)은 약 1/3의 검사자가 유진을 인간으로 판별하면서 튜링 테스트를 통과했어요.

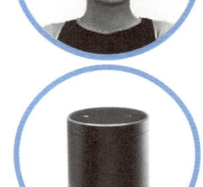

알렉사(Alexa)
아마존은 고객의 쇼핑 업무를 도와줄 수 있는 음성 기반 지능형 가상 도구인 알렉사를 선보였어요.

2016 ● 테이(Tay)
마이크로소프트의 챗봇인 테이는 SNS 상에서 폭력적이고 인종차별적인 메시지를 쏟아내면서 예상치 못한 문제를 일으켰죠.

2017 ● 알파고(Alphago)
구글의 인공지능인 알파고는 무한한 경우의 수를 가진 게임인 바둑에서 세계 챔피언인 이세돌을 이기죠.

인공지능의 역사는 앨런 튜링이 튜링 테스트를 제안한 1950년부터 시작되었어요. 고작 70년의 짧은 역사를 가진 학문 분야예요. 인공지능의 역사는 인간의 지능을 이해하고 따라하기 위한 기술을 개발하는 과정이라고 요약할 수 있어요. 유니메이트, 엘리자, 쉐이키, 키스멧 등이 있어서 현재의 알파고, 시리, 알렉사처럼 우리 생활에 친숙한 기술이 만들어질 수 있었어요.

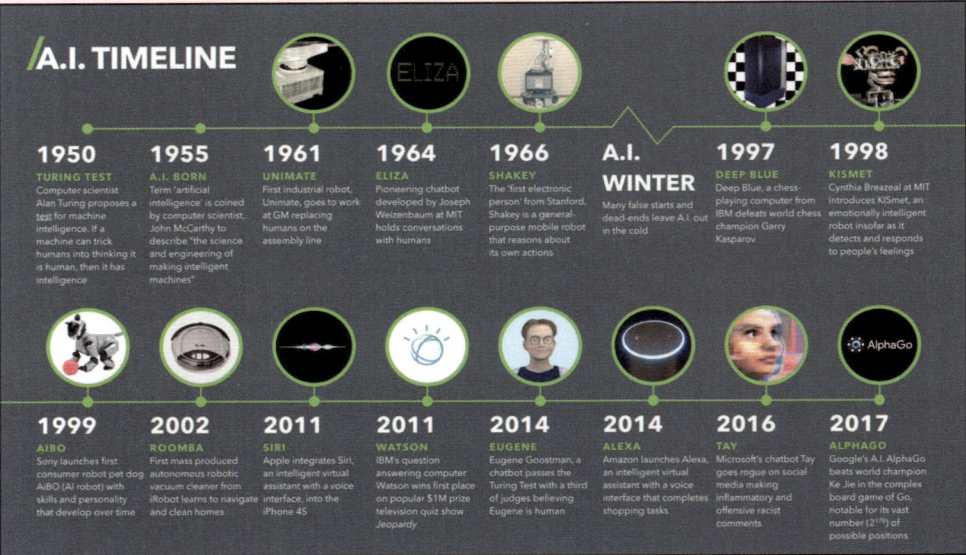

유명한 인공지능전문가를 꼽는다면?

영화 <아이언 맨>의 주인공 토니 스타크의 모델이 바로 테슬라모터스의 CEO 엘론 머스크예요. 그는 컴퓨터 프로그래밍을 혼자서 공부해서 24살에 인터넷으로 지역 정보를 제공하는 집투라는 회사를 만들었어요. 지금은 화성에 우주선을 보내는 사업체와 전기자동차 회사, 태양광발전 회사도 만들어서 운영하고 있죠.

또 알파고를 만든 데미스 하사비스 박사도 유명한 인공지능 전문가예요. 체스 신동이었던 그가 컴퓨터에 푹 빠져서 알파고를 만들어냈죠. 그는 기후변화나 질병과 같은 어려운 문제를 해결할 인공지능을 개발하겠다고 약속했어요.

이 밖에도 인공지능의 4대 선구자라고 일컫는 얀 르쿤(Yann Lecun), 제프리 힌튼(Geoffrey Hinton), 요슈아 벤지오(Yoshua Bengio), 앤드류 응(Andrew Ng)도 빼놓을 수 없겠네요.

4장에서는?

인공지능전문가가 되려면 무엇에 관심을 가져야 할까요? 또 어떤 공부를 하는 게 좋을까요? 아직 잘 모르겠다고요? 인공지능전문가가 되기를 꿈꾼다면 이 장에서 앞으로 여러분이 할 일을 알아봐요.

호기심과 끈기를 가져요

　일단 주어진 문제에 대한 끝없는 호기심이 첫 번째로 필요해요. 풀고자 하는 호기심을 가지고 문제를 바라봐야 흥미를 느끼고 계속해서 재미있게 일할 수 있거든요. 다음으로는 주어진 문제를 끝까지 물고 놓지 않는 집요함과 해답이 보이지 않더라도 포기하지 않는 끈기죠. 쉬운 문제라면 나한테 오기 전에 벌써 풀렸겠죠. 나한테 온 이상 꼭 풀고 말겠다, 포기하지 않겠다는 마음가짐이 중요해요.

　마지막으로 새로운 방법에 도전하는 열린 태도와 다른 답을 받아들이는 마음도 필요하다고 생각해요. 세상의 모든 문제는 하나의 답만 있는 건 아니에요. 여러 방법이 있으니까 열린 마음으로 살펴보고 다양한 시각을 품을 수 있어야 해요. 말해놓고 보니 어느 분야에서나 필요한 자질 같아 보이네요.

도전정신이 필요해요

전화기가 나오기 전에 사람들은 기계로 멀리 있는 사람과 대화하는 건 불가능하다고 생각했어요. 엉뚱한 상상이라고 비웃기도 했고요. 그런데 지금은 어떤가요? 기술이 발전해서 휴대전화도 생겼지요. 또 스마트폰으로 사진도 찍고 동영상도 보고 컴퓨터처럼 문서도 만들 수 있어요. 영화나 이야기 속에서만 가능할 것 같았던 일이 현실이 되었지요. 인공지능도 마찬가지예요.

인공지능이 발전해 온 역사를 보면 "뭐 이런 기술을 만들었지?" 할 정도로 이상하게 생각되는 것들이 있어요. 실패한 기술도 많이 있죠. 하지만 이런 도전을 했기 때문에 오늘날 인공지능이 발전할 수 있었어요. 사람들이 그런 게 되겠냐고 하더라도 새로운 기술을 만들어보는 도전은 아주 중요하죠.

영어는 필수!

　외국어 중에서도 영어를 잘하는 게 정말 중요해요. 인공지능 관련 지식이나 정보가 대부분 영어로 되어있기 때문이에요. 실제로 일을 하다 보면 다양한 문제를 풀어야 하는데 막힐 때가 있어요. 그때는 구글에 검색해서 자료를 찾는데 대부분 영어로 쓰여 있어요.

　때로는 외국인과 직접 대화해야 할 일도 있어요. 외국회사가 일을 맡겼을 때나 외국의 인공지능전문가와 교류할 때죠. 이때는 어느 정도 격식이 있는 영어를 사용해요. 전문적인 단어들도 많이 쓰고요. 그러니까 영어로 대화하고 읽고 쓰는 능력이 필요하죠.

학창시절엔 경진대회에 참가해보자

　최근에는 공공기관이나 민간기업에서 다양한 경진대회를 열고 있어요. 많은 학생이 관심을 가지고 참여하고 있죠. 제가 서울시에서 주최한 빅데이터 경진대회 심사위원을 맡은 적이 있어요. 머신러닝을 이용해 공공정책을 어떻게 바꿔나갈지 제안하고 겨루는 자리였어요. 학생들이 기존 공공정책의 흐름을 잘 이해하고 새로운 방향을 제시하기도 해서 많이 놀랐죠. 요즘엔 세계적으로 유명한 캐글 경진대회(Kaggle Competition)에 참가하는 학생도 많아요.

　초등학생에게는 아직 무리겠지만 중고등학생이 되면 한번 참여해 보세요. 혼자 또는 친구와 팀을 이뤄 관심 있는 대회에 출전하면 좋은 경험이 될 거예요. 경진대회나 정보올림피아드에서 상을 타면 일부 대학에 특기자 전형으로 지원할 수 있는 자격이 되니 대학입시에도 도움이 될 거고요.

공공기관이나 민간기업에서 여는 다양한 경진대회에 참여해 보세요

유리한 전공은 통계학, 산업공학, 컴퓨터사이언스학

　인공지능전문가가 되기 위한 첫걸음은 대학에서 관련 전공을 공부하는 거예요. 통계학은 우리 생활의 여러 현상을 한눈에 알아보기 쉽게 숫자로 보여주는 학문이에요. 산업공학은 효율적인 산업 시스템의 구성요소와 운영 방법을 연구하는 학문이고요. 컴퓨터사이언스학과는 예전의 전산과와 비슷한 전공이에요. 컴퓨터 관련 기본 지식을 익히고, 데이터와 프로그래밍, 알고리즘, 컴퓨터 보안에 관해 연구하죠. 컴퓨터사이언스학과 데이터 분석 관련 학과는 현재 인공지능 강국인 미국에서 가장 인기 있는 전공이라고 하네요.

　요즘 통계학과나 산업공학과에서도 예전에 다루지 않던 머신러닝과 딥러닝을 가르치기 시작했어요. 빅데이터나 인공지능 관련 강의도 많이 생겼고요. 인공지능전문가가 되고 싶다면 관련된 학과가 있는 대학에 진학해서 배우는 게 좋겠어요.

인공지능전문가가 되려면
호기심과 끈기, 도전정신이 있어야 해요.
인공지능과 관련한 학과(통계학, 산업공학, 컴퓨터사
이언스학 등)로
진학하는 것도 중요하고요.
그리고 영어 실력도 잊지 말고 갖춰야죠!

CHAPTER. 05

인공지능전문가가 준비하는 미래

5장에서는?

인공지능 기술이 발전하면 어떤 미래가 펼쳐질까요? 지금 시작된 변화도 있고 아직 상상만 하는 것도 있어요. 인공지능이 만들어갈 미래의 모습을 살짝 들여다보고 상상해 봐요.

4차 산업혁명이 뭐예요?

　4차 산업혁명은 정보통신기술이 어떤 분야와 합쳐져 완전히 새로운 생활방식이 나타나는 걸 말해요. 4차 산업혁명은 우리가 사는 오프라인 세계와 온라인 디지털 세상이 만나면서 시작됐어요.

　한 회사가 자동차를 빌려주는 온라인 플랫폼을 만들었어요. 자동차를 빌려주는 회사니까 자동차를 많이 가지고 있어야겠지요? 그런데 그 회사는 자동차를 한 대도 가지고 있지 않아요. 회사는 자동차를 빌려주거나 빌리고 싶은 사람끼리 소통할 수 있는 온라인 공간만 만들어 준 거죠. 차를 빌려주고 싶은 사람이 자신의 차를 사진 찍어 온라인에 올려요. 빌리고 싶은 사람은 온라인에서 자동차 상태를 확인하고 오프라인으로 자동차를 빌리는 거지요. 4차 산업혁명으로 예전에는 생각지도 못했던 새로운 회사가 탄생한 거예요.

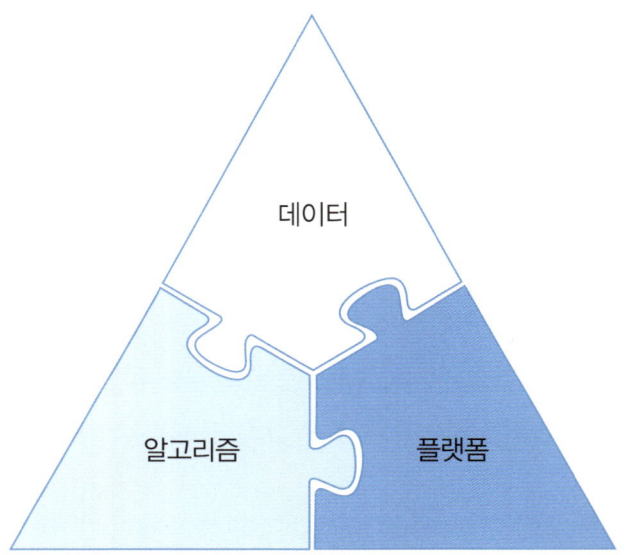

플랫폼(platform) : 플랫폼은 기차를 타고 내리는 정거장을 뜻하는 단어였어요. 지금은 다양한 형태로 활용할 수 있는 온라인 공간도 의미해요. 윈도우와 맥 같은 컴퓨터 운영체제나 휴대폰·인터넷 통신사 그리고 페이스북과 같은 소셜 미디어를 플랫폼이라 할 수 있어요.

첨단기술 '블록체인'과 '사물인터넷'

　4차 산업혁명의 첨단기술 중에는 블록체인과 사물인터넷이 대표적이에요. 블록체인은 여러 대의 컴퓨터에 동시에 위변조가 어렵도록 데이터를 저장하는 기술이에요. 누구나 볼 수 있는 기록장에 물건이 드나드는 수량, 들어오고 나간 돈을 기록해서 해킹을 막을 수 있죠. 이런 블록체인 기술은 예술품이 진품인지 평가하거나 물건의 원산지와 유통 과정 확인, 위조화폐 방지, 전자 투표 등에서 사용되고 있어요.

　사물인터넷은 사물에 센서를 달아서 인터넷을 통해 실시간으로 데이터를 주고받는 기술이나 환경을 말해요. 지금도 인터넷에 연결된 사물은 많이 볼 수 있어요. 집 밖에서 집 안의 보일러를 켜고 세탁기를 돌리고 전등을 켤 수 있죠. 이건 사물인터넷의 시작에 불과해요. 지금까진 인터넷에 연결된 물건이 정보를 주고받으려면 사람이 개입해서 조작했죠. 앞으로는 인터넷에 연결된 물건이 사람의 도움 없이도 서로 알아서 정보를 주고받으며 대화를 나눌 수 있게 될 거예요.

이 밖에도 IT와 금융 서비스가 만나서 만들어낸 핀테크 기술이나 인터넷 서비스를 통해 데이터를 관리하는 클라우드 컴퓨팅 같은 기술도 있어요. 좀 어렵지만 관심을 가지고 있는 친구들은 이 기술들에 대해 알아봐도 좋겠어요.

의학의 발전도 인공지능과 함께

인공지능은 의료 영상 분야에서도 사용돼요.

그중 하나가 암 환자의 종양 위치를 예측하는 건데요. 인체의 생화학적 변화를 검사하는 PET(Positron Emission Tomography, 양전자방출단층촬영) 영상과 인체의 뼈, 골격 같은 구조를 검사하는 CT(Computed Tomography, 컴퓨터단층촬영) 영상을 겹쳐보면 암 환자가 가진 암세포(종양)의 위치를 확인할 수 있어요.

이렇게 찾아낸 종양에 위치를 표시하고 주석을 달아두는 데, 이를 인공지능 분야에서는 라벨링이라고 하죠. 라벨링한 데이터를 잘 정리하여 인공지능에게 학습시키면, 학습한 데이터를 기반으로 종양을 예측할 수 있어요.

환자마다 종양의 위치와 크기가 달라서 영상을 똑같은 크기로 나누면 중요한 정보를 잃기 쉬워요. 이번 연구에서 사용한 U-Net 알고리즘은 그런 중요한 정보를 직접 전달(Skip-connection)해서 빠지는 정보 없이 학습시키기 때문에 의료 영상 분야에서 자주 사용합니다.

학습할 수 있는 좋은 품질의 데이터가 많이 축적돼 있고, 정답(라벨링)의 오류가 적을수록 인공지능이 알고 있는 정보가 많아져서 정확하게 예측할 확률이 높아지죠. 결과 예시를 보면 y축(Coronal), x축(Axial)의 정답(라벨링)과 비교했을 때 인공지능이 예측한 부분이 거의 유사한 위치와 크기로 예측한 걸 확인할 수 있답니다.

PET 영상과 CT 영상을 따로따로 볼 때는
암 환자의 몸에 있는 종양의 위치와 크기를
정확히 예측할 수 없는 경우가 있어요.
이때 데이터를 잘 정리하여 인공지능에게 학습시키면,
학습한 데이터를 기반으로 종양의 위치와 크기를
예측할 수 있어요.

학습 데이터 준비

PET 이미지
인체의 화학적 변화를 검사

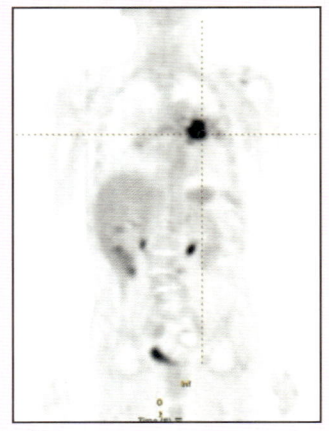

+

CT 이미지
인체의 구조(뼈, 골격 등) 검사

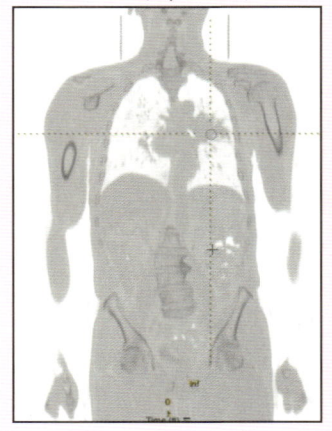

=

PET + CT
암 세포 위치 확인

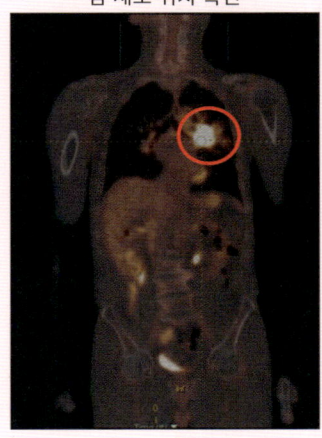

인공지능 예측 결과 (암세포 위치)

3D 좌표(축) 기준

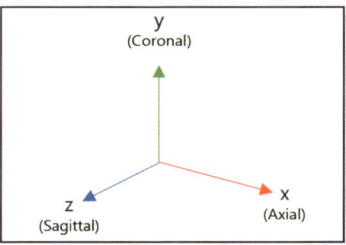

Coronal 축

Input image	정답	인공지능 예측
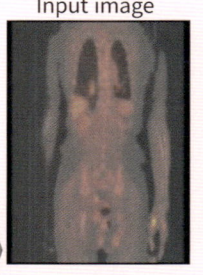	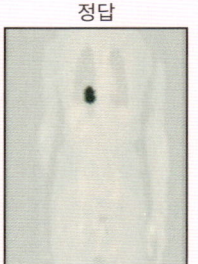	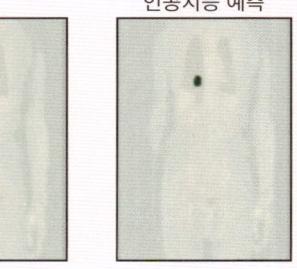

Axial 축

Input image	정답	인공지능 예측
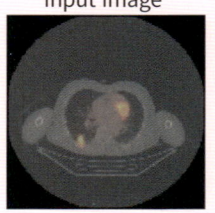	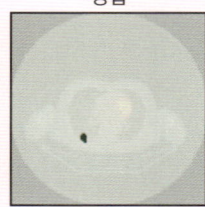	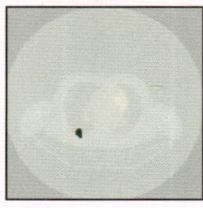

인공지능 학습

PET + CT + 암세포 표시
암 세포 위치 표시(정답)

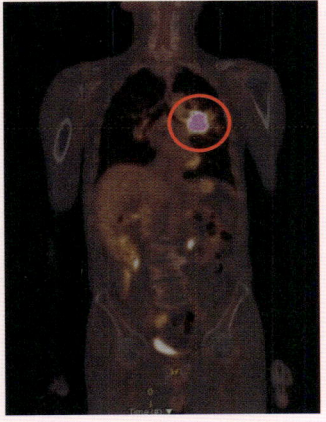

인공지능 학습 모델 훈련

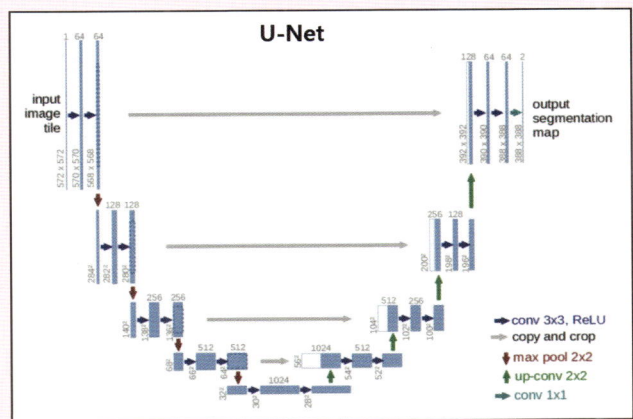

Input image	정답	인공지능 예측
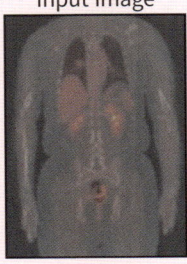	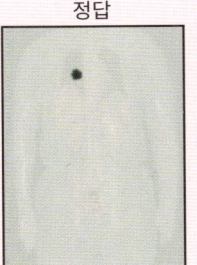	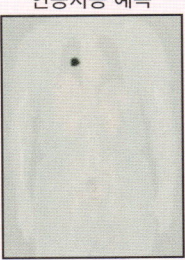
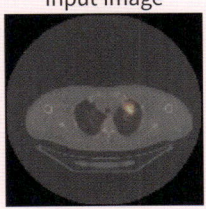	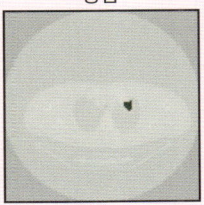	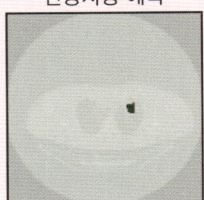

Input image · 정답 · 인공지능 예측

모든 사람이 골고루 누리는 인공지능의 기술

　4차 산업혁명은 지구에 사는 모든 사람에게 영향을 미칠 거예요. 모든 것이 한꺼번에 바뀌고 우리의 생활도 엄청나게 빨리 달라지겠죠. 이때 모든 사람이 발전한 기술을 누리도록 만드는 게 정말 중요해요. 몇몇 대기업이나 부유한 사람들, 또는 기술을 잘 다루는 젊은 사람만 새 기술을 사용하는 건 사회의 문제가 되니까요.

　또 인공지능전문가들이 인공지능을 만들 때 비뚤어진 자기만의 생각이 들어있는 데이터를 사용하지 않도록 주의해야 해요. 나쁜 데이터는 어떤 인종인지, 여자인지 남자인지에 따라 사용자를 차별할 수도 있거든요. 그런 기술을 사용하는 인공지능을 막기 위한 법도 꼭 만들어야 하고요.

의학에 인공지능 기술이 더해지면 더 좋은 의료서비스가 될 거예요

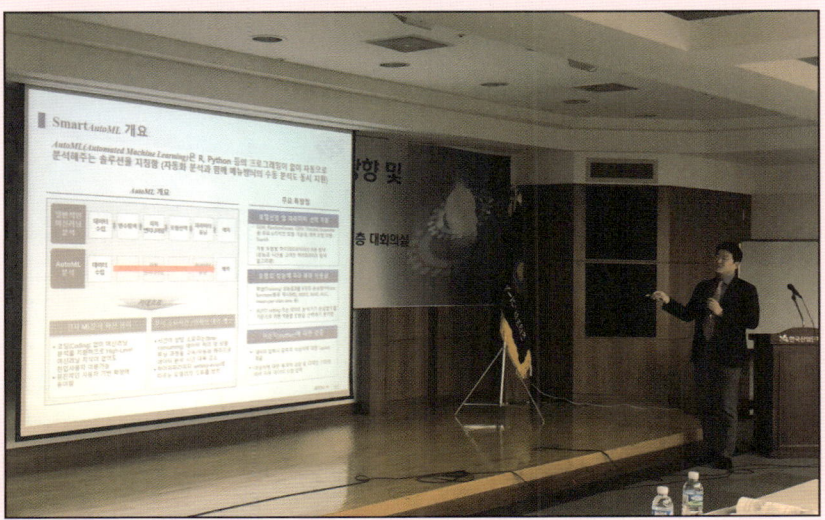

모든 사람들이 골고루 누리며 행복해지는 인공지능을 만들려고 노력해요.

6장에서는?

인공지능이 세상에 나온 지 얼마 되지 않아서 아직 그 매력이 다 알려지지 않았어요. 많은 문제를 인공지능으로 해결한 기쁨도 있고, 앞으로 할 수 있는 일이 많아서 기대된다고 해요.

더 좋은 사회를 만들 수 있다는 꿈!

인공지능 기술을 사용할 수 있는 곳은 끝이 없어요. 산업시설이나 회사에서 이미 인공지능 기술이 많이 사용하고 있고 앞으로도 그 영역은 더 넓어질 거예요. 그리고 인공지능 기술은 아주 까다로운 사회문제를 푸는 열쇠가 될 수 있지요.

맞벌이하는 가정의 아이나 보살핌이 필요한 환자를 돌보는 일, 장애를 안고 태어난 아이의 성장을 도와주는 일을 위해 인공지능이 도움을 줄 수 있어요. 사회를 더 안전하게 만들 수 있고요. 이렇게 누군가에게 더욱 편리하고 안락한 삶을 이끌어주는 일을 한다는 게 가장 큰 매력이죠. 그리고 이 직업의 자부심이기도 하고요.

기업의 고민을 덜어주는 해결사

　어느 철강회사의 일을 맡은 적이 있어요. 인공지능 기술을 사용해 복잡한 공장 설비를 관리하면서 안전사고를 줄이는 방법을 찾는 거였죠. 엄청나게 큰 시설들을 관리할 때는 하나하나 살펴볼 수가 없으니까 가상공간에 실물과 똑같은 물체를 만들어서 다양하게 실험했죠. 이걸 디지털 트윈이라고 하죠.

　이 방법으로 시설들이 언제 고장이 날지, 고장이 나면 어떤 사고가 일어나는지 미리 알아볼 수 있었어요. 이렇게 공장 시설을 관리하는 인공지능을 만들었더니 물건을 만들어내는 회사들에서 무척 좋아하시더라고요. 그때 제가 굉장히 뜻있는 일을 하고 있다고 느꼈죠.

변화를 이끌어가는 개척자

인공지능 분야는 엄청나게 빠르게 발전하고 있어요. 하룻밤 새에도 새로운 일이 벌어져서 이전과 다른 변화를 만들어내기도 하거든요. 그 변화를 가장 먼저 알아차리는 사람, 또 변화를 만들어가는 사람이 바로 인공지능전문가고요.

물론 이런 변화를 따라잡거나 만들어가려면 끊임없이 새로운 정보와 지식을 받아들이는 노력이 필요하죠. 이게 단점이 될 수도 있겠지만 세상이 변화하는 맨 앞에 서 있다는 긍지에 비하면 아무 문제가 되지 않아요.

전망도 좋고 인기도 있죠

　현재 인공지능전문가는 매우 부족해요. 네이버, 카카오, 삼성전자 등 일부 앞서나가는 기업 몇 곳을 빼면 인공지능전문가가 거의 없어요. 2022년인 올해만 해도 국내 인공지능전문가 인재가 1만 오천명 가량 부족할 거라는 예측도 있어요. 산업의 성장에 비해 인력이 턱없이 모자라는 게 현실입니다.

　이건 우리나라만의 문제는 아니에요. 전 세계적으로 인공지능 기술에 대한 수요는 많은데 아직 인공지능전문가가 턱없이 부족한 거죠. 앞으로 한동안은 계속 그럴 거라고 봐요. 인재를 길러내는 일은 시간이 필요하니까요.

　그렇다고 여러분이 자랐을 때 인공지능전문가가 너무 많을까 봐 걱정할 필요는 없어요. 미래는 더더욱 인공지능 기술이 필요한 세상이 될 거니까요.

관심이 있다면
무엇이라도 할 수 있어요

　이 분야에서 어느 정도 오래 일하면 IT분야나 연결된 다른 분야로 옮겨갈 수 있어요. 데이터를 사용해서 인공지능을 개발하는 곳이라면 어디서나 일할 수 있죠.

　제가 요즘 커넥티드 카를 사용하고 있어요. 스마트폰에서 차의 시동도 걸고 에어컨도 켤 수 있죠. 차의 문이 안 잠겼다고 문자도 오고요. 심지어 차 안에서 카드결제도 할 수 있어요. 차와 인공지능이 만나서 훨씬 편리한 생활을 하니까 좋더라고요.

　이 경우처럼 앞으로는 더 많은 회사가 인공지능 기술을 사용하려고 할 거예요. 그러니까 인공지능전문가가 되면 자신이 좋아하는 분야에서 맘껏 재능을 뽐내며 일할 수 있어요.

7장에서는?

인공지능전문가가 회사에 가서 처음 하는 일은 뭘까요? 누구를 만나서 무슨 얘기를 하는지 궁금하다고요? 이동훈 선생님의 하루를 따라가 보아요.

아침 7시 30분

출근하기

저는 하루를 조금 일찍 시작해요. 일주일에 두세 번은 전략회의로 하루를 시작하고 회의가 없는 날엔 관심 있는 분야의 책을 읽죠. 저는 회사를 경영하니까 매일 회사로 출근하지만 일부 직원들은 문제 해결을 맡긴 고객의 회사로 출근해요.

데이터를 안전하게 보관하는 게 중요해서 아예 고객 회사에서 일하게 된 거죠. 그런 직원들은 맡은 일이 끝날 때까지 우리 회사로 돌아오지 않아요. 아마 온종일 자료를 찾아 읽고 다른 사람이 짰던 프로그램을 들여다보는 단순한 일을 하고 있을 거예요. 저도 예전에 그랬거든요.

저는 오늘 마침 전략회의가 없는 날이라 전부터 관심 있었지만 시간이 없어 못 읽었던 논문을 찾아 읽었어요.

🕐 아침 10시 30분

고객과 소통하기

고객과 상담이 있어요. 어떤 날은 상담이 세 번도 있는데 오늘은 하나만 있네요. 오늘 상담을 요청한 고객이 무슨 문제를 맡기려고 할지는 모르지만 언제나 그랬듯 쉬운 일은 아닐 것 같네요. 어떤 고객들은 인공지능을 마치 요술 방망이처럼 생각해요. 고객이 원하는 것이라면 뭐든지 만들어내고, 어떤 기술이라도 써서 문제를 해결해 줄 것 같은가 봐요. 실제로는 그렇지 않은데 말이에요.

상담할 때는 고객이 해결하고 싶은 문제에 대해 잘 듣고 해결할 수 있는지 없는지 판단하는 게 먼저예요. 해결할 수 있는 문제라도 고객이 기대하는 수준만큼 되지 않을 수도 있어요. 고객과 이런 이야기를 한다는 건 참 부담스러운 일이죠. 그래도 정확한 의견을 나누면서 소통하고 있어요.

낮 2시 | 실력 키우기를 위한 연구와 개발

회사 직원들이 연구하고 개발한 내용을 발표하는 시간이에요. 첫 번째 발표자는 새 인공지능 기술이 어떤 분야에서 사용할 수 있을지 연구해 왔어요. 제 역할은 발표를 듣고 정확하지 않은 부분을 묻거나 어떤 부분을 더 자세하게 연구하면 좋겠다는 의견을 말하는 거예요.

첫 발표자에게는 상상력은 좋은데 현실에 적용하려면 기술 개발이 더 필요할 것 같다고 얘기해 줬어요. 두 번째 발표자는 지금 만들고 있는 인공지능에 문제가 발생했다고 하네요. 어떤 문제인지, 어떻게 하면 해결할 수 있을지 함께 의논했어요.

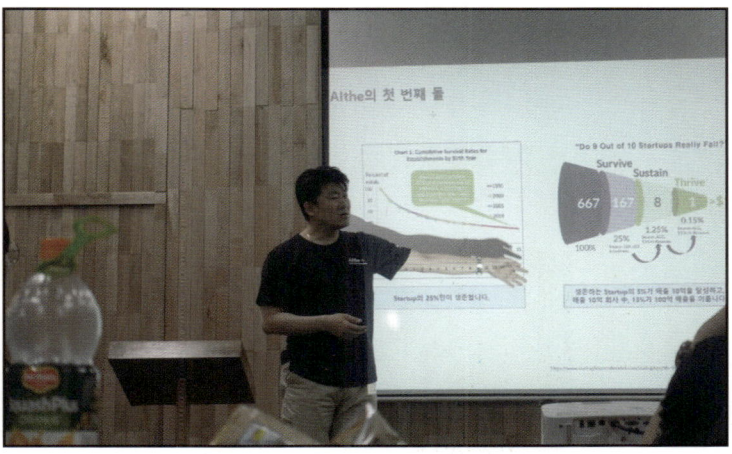

낮 3시 30분
휴식

저는 스트레스를 잘 받지 않는 성격이에요. 좀 힘든 일이 있어도 시간이 지나면 좋아질 거로 생각하고 넘어가는 편이죠. 다만 너무 오래 집중하거나 많은 일을 하면 가끔 피곤할 때가 있어요. 그럴 땐 의자를 젖히고 누워서 20~30분 정도 잠을 자요. 잠깐이지만 피곤할 때 쉬어서 그런지 일어나면 몸이 회복되어 있더라고요.

낮 4시
세미나 및 강연 준비

4차 산업혁명과 인공지능에 대한 세미나가 자주 열려요. 거기 참석해서 우리가 개발한 인공지능 기술을 소개하기도 하고 새로운 이론과 기술을 배워오기도 해요. 다음 주에 열릴 세미나에 제가 강연자로 초청받았어요. 강연할 자료를 준비하고 PPT도 만들어야겠어요.

저녁 6시
새로운 기술 공부

아까 연구개발 시간에 우리가 개발하는 인공지능에서 새로운 문제가 발생했다는 얘기를 들었어요. 인공지능 분야는 주어진 문제와 상황에 따라 늘 새로운 답을 찾아야 해요. 잘 만든 하나의 알고리즘이 여러 문제를 풀어주면 좋으련만 그런 일은 일어나지 않네요.

이 문제를 풀려면 비슷한 사례도 읽어보고 새로운 알고리즘도 찾아 참고해야겠어요. 논문도 읽고 자료도 찾다 보니 어느새 8시가 되었네요. 좀 늦었지만 좋아서 하는 일이라 힘들지는 않아요.

8장에서는?

인공지능전문가 이동훈 선생님의 어린 시절은 어땠을까요? 청소년 시절엔 무엇을 좋아했을까요? 그리고 지금 회사는 어떻게 만들게 된 걸까요? 이동훈 선생님의 이야기를 직접 들어보아요.

호기심 많은 꼬마 이동훈

　부모님께서 해주신 얘기에 따르면 저는 호기심 많고 관찰을 좋아하는 아이였대요. 관심 있는 무언가를 발견하면 오랫동안 살펴보느라 시간이 가는 줄도 몰랐나 봐요. 개미집이나 금이 간 돌을 발견하면 아침부터 저녁까지 관찰했대요. 비가 올 때면 개미들이 자기네 집을 방어하는 모습이 그렇게 재미있었던 거죠.

고향인 경상북도 영덕의 바닷가 마을

오락도 잘하고 공부도 잘했죠

　제가 어렸을 때는 동네마다 오락실이 있었어요. 학교 수업이 끝나고 집으로 돌아오는 길에 항상 들렀죠. 친구들과 시합을 벌이면 사람들이 와서 구경할 정도로 잘했어요. 평소에는 놀다가 시험 기간에만 바짝 공부했는데 성적은 좋은 편이었어요. 특별히 공부를 잘해야겠다는 생각은 없었는데 수업 시간에 집중해서 들었지요. 선생님이 열심히 가르치시는데 수업 시간에 딴짓하는 건 예의가 아니라는 생각 때문에 그랬어요.

회사 일이 궁금한 청소년

저는 어려서부터 중국 역사책을 좋아했어요. 한 나라에 위기가 닥쳤을 때 운명을 결정한 사람이 누구인지, 전쟁이 어떻게 역사의 흐름을 바꾸었는지 알아가는 과정이 정말 흥미진진했어요. 그리고 새로운 시대를 만든 영웅을 보면 가슴이 뛰었죠.

현실에서는 회사 운영과 관련된 일들에 관심이 많았어요. 기업 경영도 나라를 다스리는 것과 비슷하다는 생각이 들었거든요. 그래서 고등학생 때부터 경영이나 통계를 공부하고 싶었어요.

평범하고 단순했던 대학 생활

　대학은 통계학과로 진학했어요. 경영학과 수업도 같이 들었죠. 남는 시간에는 독서토론회와 펜싱부에서 동아리 활동을 했어요. 처음엔 검도를 할 생각이었는데 펜싱부 문 앞에 '장비 일체 지급'이라는 문구가 눈에 띄었어요. 이 기회가 아니면 언제 펜싱을 해보나 싶어 시작했죠. 덕분에 6년 동안 펜싱을 했고 지금도 펜싱부 친구들을 가끔 만나요.

대기업 사원이 되다

대학 졸업 후에 우연히 LG 그룹사 산학 장학생 모집공고를 보게 되었어요. 거기 장학생이 되면 대학원 등록금도 주고 생활비도 한 달에 70만 원 정도 준다고 하더라고요. 얼떨결에 지원했는데 뽑히는 바람에 대기업에 입사하게 되었어요. 거기서 IT 관련 컨설팅 부서에서 일하면서 이 분야에 첫발을 내딛게 되었어요.

그다음엔 IBM에 들어갔고, 일하면서 대학원에 진학해 박사학위를 받았죠. 회사생활을 하면서 배운 걸 다 써보니까 제가 하고 싶은 일이 생겼어요. 그래서 회사를 차리기로 결심했죠.

꿈을 펼칠 회사를 만들다

리 아이아코카라는 사람이 있었어요. 1960년대 새로운 자동차 모델을 내놓아서 포드 자동차의 전성기를 이끌었던 인물이죠. 이 사람이 포드 자동차 회사에서 나와 망해가는 크라이슬러 자동차에 들어갔어요. 그리고 과감한 개혁을 하고 정부의 지원도 받아서 회사를 살려냈죠. 이 이야기가 제 마음을 완전히 사로잡았어요. 정말 멋진 일이지 않나요?

그래서 회사를 창업했죠. 제가 만든 회사는 인공지능 컨설팅과 솔루션을 주요 산업의 고객에게 제공하는 회사에요. 금융, 제조, 유통 등 다양한 산업군에 고객들이 계세요. 저는 고객이 가진 문제를 인공지능으로 해결하는 일을 해요. 기계에서 발생하는 문제점을 미리 발견하는 인공지능을 만드는 것처럼요. 회사를 운영할 때 어떤 인공지능을 사용하면 좋은지도 상담해요.

아직 이루고 싶은 꿈이 있어요!

구글이나 마이크로소프트와 같은 회사처럼 세계 시장을 사로잡을 수 있는 인공지능을 개발하고 싶어요. 세계에서 가장 높은 수준의 머신러닝을 활용한 앞서나가는 산업 사례를 만드는 거죠. 노력한다고 이런 기술을 당장 만들 수 있는 건 아니니 제가 못하더라도 다음 세대의 친구들이 할 수 있으면 좋겠네요. 마이크로소프트를 창업한 빌 게이츠나 구글의 CEO 선다 피차이, 아마존의 CEO 제프 베조스같은 인물이 한국에서 나오지 못할 이유는 없으니까요.

9장에서는?

인공지능과 인공지능전문가에 대해 궁금한 게 너무너무 많다고요? 그래서 준비했어요. 진로 선택에 도움이 되는 이야기, 인공지능 기술을 개발할 때 조심해야 할 일도 말씀해 주신대요.

우리 생활 속 인공지능은?

QUESTION 01

우리는 이미 생활 곳곳에서 인공지능을 사용하고 있어요. 가장 많이 알려진 건 SK텔레콤의 누구, KT 기가지니와 같은 인공지능 스피커에요. 애플의 시리나 삼성의 빅스비도 음성인식 인공지능이고요. 최근 인공지능 시스템 왓슨(Watson)이 가천대 길병원과 부천대 병원에서 진료를 시작했어요. 왓슨은 인간 의사와 함께 환자의 병이 무엇인지, 환자에게 어떤 약을 처방할지 판단해요. 자율주행 자동차나 해외여행할 때 많이 사용하는 파파고 번역기도 빼놓을 수 없겠죠. 이렇게 우리는 이미 생활 속에서 다양한 인공지능을 사용하고 있고요, 앞으로는 더 많이 쓰일 것 같아요.

좋아하는 인공지능 영화는?

QUESTION 02

　1968년 스탠리 큐브릭 감독이 만든 <2001: 스페이스 오디세이>에요. 좀 오래된 영화인데 저는 이 영화가 표현한 우주와 인공지능의 모습이 좋았어요. HAL 9000이라는 인공지능이 우주선의 통제를 담당해요. 우주선의 상황을 분석하고 판단해서 승무원을 도와주는 역할이에요. 그런데 HAL 9000이 승무원인 데이브를 죽이려고 했어요. 이것을 알아챈 데이브도 HAL 9000과 싸움을 벌이죠.

　결국 HAL 9000은 죽게 되는데요. 이때 데이브가 무중력 상태에서 HAL 9000의 메모리 탑재 공간에 있는 메모리 칩을 하나하나씩 빼며 기능을 멈추게 하는 장면이 나와요. 굉장히 인상적이었어요. HAL 9000은 렌즈 형태의 눈밖에 가지지 못한 기계이지만 영화에서는 오히려 더 사람같이 묘사되었거든요. 마지막에 기능을 멈추면서 처음 배웠던 노래를 부르며 자신이 만들어졌던 장소와 시기를 말할 때는 짠한 마음이 들기도 했죠. 이 영화, 여러분도 한번 꼭 봤으면 좋겠어요.

IT 전문교육 학원이 도움이 될까요?

 짧은 기간 안에 다양한 교육 내용을 배우기에는 학원이 도움이 되기도 해요. 대한상공회의소나 여러 기관도 빅데이터 분석과정을 만들어서 교육하니까요. 이렇게 학원이나 기관은 6개월 정도 기초적인 내용을 가르쳐 줘요.

 하지만 학원에서 배운 후에 실제 업무를 할 수는 없을 것 같아요. 전공자들은 보통 대학 4년, 대학원 2년, 이렇게 6~7년 동안 한 분야를 파고들어서 공부하거든요. 실력의 차이가 크게 나니까 학원에 다닌 것만으로는 취업에 도움이 되지는 않을 것 같네요.

유학이 꼭 필요한가요?

한번 도전해볼 만한 일이라고 생각해요. 영어권 국가로 유학을 하러 가면 영어를 익히는 데도 도움이 되지요. 인공지능 분야에서 앞서가는 연구를 하는 교수가 있다면 그분을 찾아가서 배우는 것도 좋고요.

그런데 요즘에는 외국에서 새로운 논문이 발표되더라도 금방 그 논문을 찾아 읽을 수 있잖아요. 새로운 지식과 정보를 습득하는 데 걸리는 시간이 국내나 해외나 별반 차이가 없어서 굳이 유학을 가지 않아도 괜찮아요. 어린이 여러분이 성인이 되었을 때는 어쩌면 우리나라가 인공지능 강국이 되어있을지도 모르니까 그건 그때 가서 선택해도 될 것 같아요.

연봉은 어느 정도인가요?

QUESTION 05

    회사에서 처음 일하는 인턴은 3천만 원대 정도고요, 신입사원은 3천만 원에서 4천만 원 정도예요. 처음 연봉이 높지는 않죠. 회사에 막 들어온 사람이 실력은 어느 정도인지, 회사가 기대하는 만큼 잘할지, 이 일과 잘 맞을지 알 수 없어서 그래요. 실력이 확인되고 업무 경험이 쌓이면 급여가 올라요. 다른 직업보다 더 빨리 월급이 오르는 것 같아요.

인공지능 기술이 많이 발달한 나라는?

　미국이나 캐나다, 일본, 중국에서 인공지능 기술 개발을 많이 하죠. 이런 나라들은 국가에서 엄청난 투자를 하고 있거든요. 인공지능 기술을 개발하자면 데이터가 많아야 하고, 그 데이터를 기술 개발에 사용할 수 있어야 해요.

　얼마 전 중국에서 한 범죄자가 콘서트장에 갔다가 CCTV에 얼굴이 찍히는 바람에 붙잡힌 예가 있어요. 센스타임이라는 회사가 엄청나게 많은 얼굴 사진을 가지고 개발한 얼굴인식 기술 덕분이었죠. 국가가 데이터를 사용할 수 있도록 허락해 줬기 때문에 가능했어요.

　인공지능 기술이 발전한 나라들은 국가가 가진 데이터를 쓸 수 있도록 지원하고 투자도 많이 해요. 그런데 우리나라는 아직 데이터를 사용하는 데 신중한 편이라 얼굴인식 기술처럼 많은 데이터가 필요한 기술은 발전이 더딘 편이에요.

인공지능 기술이 발달하려면 국가의 지속적인 관심과 투자가 필요해요

우리나라 인공지능 기술의 수준은?

　우리나라도 인공지능을 이용한 자율주행차, 재난구조 로봇, 번역기 등을 개발하고 있어요. 다만 외국보다 기술 수준이 조금씩 떨어져 있죠. 미국과 같은 인공지능 강국보다 우리나라는 3~5년 정도 뒤처져있지 않나 싶어요.

　인공지능이나 로봇기술, 생명과학을 연구 개발하는 기초학문 분야는 당장 사용할 수 있는 학문은 아니에요. 그래서 국가의 지속적인 관심과 투자가 필요하죠. 우리나라도 이 분야에 관심을 가지고 지원한다면 금방 따라잡을 수 있겠지요.

기계가 인간을 뛰어넘을 수 있을까요?

QUESTION 08

 먼저 이야기 하나를 들려줄게요. 동굴 안에 시한폭탄이 설치된 배터리가 있었어요. 첫 인공지능 로봇에게 그 배터리를 꺼내오라고 지시했더니 시한폭탄까지 가져와서 함께 폭발해버렸어요. 배터리를 꺼내올 수 있는 능력은 있지만 다른 상황이 발생한 걸 이해하지 못했거든요. 그래서 다음번 로봇에겐 목적한 일을 할 때 예상치 못한 일이 일어났는지 살피도록 지시해서 동굴 안으로 보냈어요. 그랬더니 이 로봇이 시한폭탄을 보고 일어날 수 있는 모든 상황을 확인하다가 시간이 다해 폭발해 버렸어요. 마지막 로봇은 목적과 관계없는 일은 고려하지 않도록 설계해서 보냈어요. 그런데 이 로봇은 동굴 앞에서 그만 멈춰버렸어요. 목적과 관계 없는 상황을 모두 검토한다는 건 불가능했거든요. 이 것을 프레임 문제(Frame Problem)라고 해요. 인공지능은 일정한 범위를 정해주었을 때만 일을 할 수 있다는 뜻이에요.

 인공지능전문가이자 미래학자인 레이 커즈와일은 『특이점이 온다』라는 책에서 인공지능이 비약적으로 발전하면 인간의 지능을 뛰어넘는 순간이 온다고 예측했어요. 그 순간을 특이점이라고 하죠. 2045년이면 특이점이 와서 인공지능이 만들어 낸 것들을 인간이 이해하지 못할 수도 있다고 걱정을 했어요. 글쎄요, 언젠가는 그 순간이 올 수도 있겠지요. 하지만 앞의 이야기에서 보듯이 인공지능이 특이점을 넘으려면 아직 해결해야 할 문제가 너무 많아서 그렇게 빨리 올 것 같지는 않아요.

인공지능이 인공지능을 만들 날이 올까요?

QUESTION 09

2016년 이세돌 9단과 대국을 벌였던 인공지능은 알파고 리예요. 알파고 리 다음으로 알파고 마스터와 알파고 제로가 나왔고요. 이 세 알파고는 사람과 대국을 벌이지 않고 자기들끼리 바둑을 둬요. 그러면서 서로의 수준을 높여가고 있죠. 이렇게 보면 인공지능이 인공지능을 만들고 있는 시대가 왔다고 볼 수 있어요. 하지만 바둑이나 체스와 같은 분야만 그래요.

인공지능은 얼룩말을 보면 사람이 생각하듯 얼룩이 있는 말이라고 말과 연결하여 이해하지 않고 새로운 종류인 것처럼 얼룩말 그 자체로 이해해요. 사람은 하나를 가르치면 열을 알 수 있는데, 인공지능은 하나를 가르치면 하나만 아는 거죠. 그러니까 인공지능이 인공지능을 만드는 날이 금방 오지는 않을 것 같아요.

인공지능을 만들 때 조심해야 하는 것도 있나요?

얼마 전에 이미지를 인식하는 인공지능이 흑인 여성을 고릴라로 인식한 일이 있었어요. 번역기가 인종을 차별하는 단어를 사용하고, 챗봇이 욕설하는 일도 있었죠. 데이터가 부족한 상태에서 잘못된 학습을 하면 이런 결과가 나오게 되죠. 앞으로도 이런 문제는 계속될 거예요.

그래서 2017년에 인공지능 연구자와 법학자, 윤리학자들이 모여서 아실로마 인공지능 원칙을 선언했어요.

첫째, 인공지능 제품과 서비스를 내놓기 전에 문제가 없는지 검토할 윤리 위원회를 구성한다.
둘째, 학습하는 데이터의 문제를 검토한다.
셋째, 인공지능 개발자나 관계자가 지켜야 할 원칙을 만든다.
넷째, 사용자가 문제를 발견하면 빠르게 대응한다.

다섯째, 사용자가 지켜야 할 규칙을 만들어서 명확하게 알려줘야 한다.

인공지능을 사용할수록 여태까지 생각하지 못했던 문제도 많이 생길 거예요. 그럴 때는 우리가 다 같이 고민해 봐야 해요.

유사한 이미지 찾는 인공지능(AI) 만들기

1. 학습 데이터

- 다양한 용기 유형의 이미지 학습 데이터를 수집해요.

2. AI 알고리즘 만들기

- AI가 이미지의 특징을 추출해요.

  * 이미지 특징이란? 이미지 모양, 패턴, 질감 특징을 숫자로 만들어요.

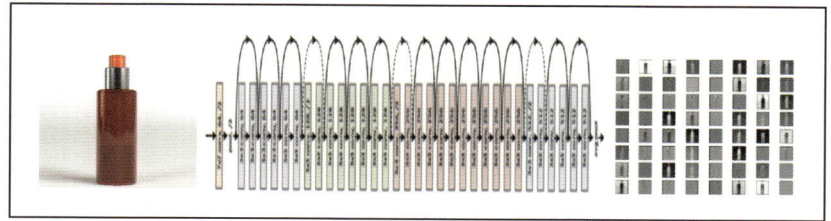

- AI가 이미지가 비슷한 순서대로 번호를 매겨요.

  * 비슷한 이미지를 찾아주세요!

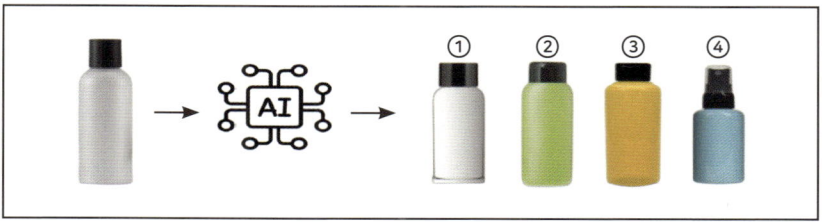

  * 실제 코드 예시

3. 똑똑하게 검사해요

- 인공지능이 찾은 유사한 이미지를 확인해요.

  * 유사한 이미지 찾기 → 유사 이미지 결과

  * 유사한 이미지 찾기 → 유사 이미지 결과

생활 속 인공지능 ① : 가전제품

우리 생활 속에는 이미 인공지능을 사용한 다양한 가전제품이 있어요. 안에 있는 재료를 확인해 그 재료로 만들 수 있는 요리를 추천해주는 냉장고도 있고, 조리 시간을 자동으로 알려주는 오븐도 있죠. 인공지능 스피커로 TV나 에어컨을 켜거나 끌 수도 있어요. 앞으로 다가올 미래에는 어떤 것까지 가능해질까요? 미래의 인공지능 생활용품을 상상해 보고 나만의 아이디어로 제품을 만들어봐요.

내가 디자인한 인공지능 생활용품

예시

수학 공부 도우미 인공지능 만들기

1. 데이터 모으기

(일주일, 혹은 한 달 동안 공부 데이터를 모아요)

-하루에 문제 푸는 시간 : 50분

-하루에 푸는 문제량 : 30문제

-맞힌 문제 개수: 00개

-틀린 문제 개수: 00개

-공부가 잘 되는 시간 : 오후 4시

-공부가 잘 되지 않는 시간 : 저녁 8시

-공부하는 습관은? : 방에서 혼자/거실에서 TV 보면서/스마트폰을 보면서

-공부를 방해하는 것은? : TV/게임/스마트폰/동생

2. 분석하기

-나에게 적당한 공부 시간은 얼마인가?

-집중이 잘 되는 시간은 하루 중 언제인가?

-잘 틀리는 문제 유형은?

-공부가 잘되는 환경은?

-공부를 방해하는 것은?

3. 나에게 맞는 인공지능 개발하기

-공부를 시작할 시간과 끝나는 시간 알람 맞추기

-성적 기록하기

-틀린 문제 풀이해 주기

-공부를 방해하는 일이 생길 때 부모님께 알리기

내가 디자인한
인공지능 생활용품

생활 속 인공지능 ② : 스마트폰

미국에서는 앞으로 스마트폰 대부분이 인공지능 기능을 갖게 될 거로 예측했어요. 이러한 인공지능 스마트폰으로 미래에는 센서와 카메라로 수집된 데이터를 이용해 지금보다 더 많은 것을 할 수 있을 거예요. 나만의 아이디어로 새로운 인공지능 스마트폰을 생각해봐요.

내가 디자인한
인공지능 스마트폰

CHAPTER. 11

인공지능과 우리의 미래

인공지능과 우리의 미래

차를 타고 주차장에 가본 적이 있나요? 예전에는 주차장마다 사람이 나와 관리를 했는데 요즘엔 인공지능 주차관리기가 있는 곳이 많아요. 카메라가 자동차의 번호를 알아보고 차가 들어온 시간과 나간 시간을 기록해서 주차요금을 계산하죠. 앞으로는 이렇게 사람이 해왔던 일을 인공지능이 대신할 것이라고 해요. 여러분은 이 문제를 어떻게 생각하나요?

내 생각은?

1. 인공지능이 대신할 수 있는 일은 어떤 것이 있을까요?

- 그렇게 생각하는 이유는 뭔가요?

2. 아무리 인공지능이 발전해도 대신할 수 없는 일은 어떤 것이 있을까요?

- 그렇게 생각하는 이유는 뭔가요?

인공지능과 우리의 미래

자동차가 스스로 운전하는 자율주행차를 만들고 있어요. 만약 자율주행차가 교통신호를 어기거나 앞차와 부딪혔을 때, 또 사람을 보지 못하고 사고를 냈을 때는 누구의 책임일까요?

1. 자율주행차를 만든 회사의 책임이다

- 왜 그렇게 생각하나요?

2. 자율주행차를 타고 있는 사람의 책임이다

- 왜 그렇게 생각하나요?

3. 누구의 책임도 아니다

- 왜 그렇게 생각하나요?

초등학생의 진로와 직업 탐색을 위한 잡프러포즈 시리즈 06
인공지능전문가는 어때?

2022년 4월 25일 | 초판 1쇄
2023년 5월 19일 | 초판 2쇄

지은이 | 이동훈
펴낸이 | 유윤선
펴낸곳 | 토크쇼

편집인 | 박성은·박지영
표지 디자인 | 이민정
본문 디자인 | 스튜디오제리
마케팅 | 김민영

출판등록 2016년 7월 21일 제2019-000113호
주소 | 서울시 서초구 나루터로 69, 107호
전화 | 070-4200-0327
팩스 | 070-7966-9327
전자우편 | myys327@gmail.com
ISBN | 979-11-91299-49-6 (73190)
정가 | 13,000원

이 책의 저작권은 저자와 출판사에 있습니다.
서면에 의한 저자와 출판사의 허락 없이 책의 전부 또는
일부 내용을 사용할 수 없습니다.